Alma Flor Ada • F. Isabel Campoy

Sonrisas

de

Pablo Picasso
Gabriela Mistral
Benito Juárez

Ilustrado por Rosario Valderrama y Francisco González

ALFAGUARA

INFANTIL Y JUVENIL

© For this edition:
2003, 2000, Santillana USA Publishing Company, Inc.
2105 NW 86th Avenue, Miami, FL 33122
www.alfaguara.net

© Text: 2000, Alma Flor Ada and F. Isabel Campoy

Alfaguara is part of the **Santillana Group,** with offices in the following countries:
ARGENTINA, BOLIVIA, CHILE, COLOMBIA, COSTA RICA, DOMINICAN REPUBLIC, ECUADOR,
EL SALVADOR, GUATEMALA, MEXICO, PANAMA, PARAGUAY, PERU, PUERTO RICO, SPAIN,
UNITED STATES, URUGUAY AND VENEZUELA.

Biography A: *Sonrisas*
ISBN: 1-58105-409-2

Editors: Norman Duarte and Claudia Baca
Art Director: Felipe Dávalos
Design: Petra Ediciones
Cover: Felipe Dávalos

ILLUSTRATORS
FRANCISCO GONZÁLEZ: pp. 23–29
ROSARIO VALDERRAMA: pp. 14–20

Printed in Colombia by Panamericana Formas e Impresos S.A.

10 09 08 07 06 05 04 03   1 2 3 4 5 6 7 8 9 10

Índice

A Carmen Ceular y Pilar Ortiz,
que marcan la historia sabiamente.

A Marina Mayoral, pintora
de palabras, escritora del color.

Pablo Picasso

Autorretrato con paleta, 1906.

Picasso
es un gran pintor.
Pinta palomas,
pinta personas
y también pinta el mar.

Picasso nació
en Málaga, España,
en 1881.
Aquí aparece con
su hermana Lola.

Niña con paloma, 1901.

Mujer en sillón rojo, 1932.

Picasso
es un gran inventor.
Inventa formas,
inventa colores
y también una forma
de mirar.

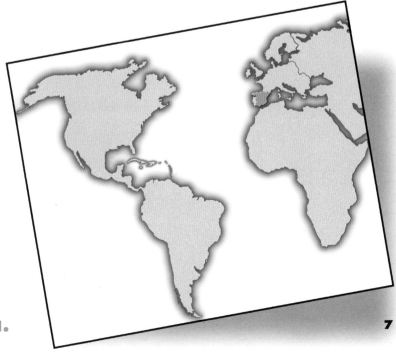

España está en Europa.

A los quince años,
Picasso pintó así
a su familia.

Velada familiar, c. 1896.

Picasso
es un gran artista.
Nos enseña a jugar,
a usar los ojos y
los colores, a ¡adivina,
adivinarás!

Mujer con flor, 1932.

Picasso tiene los ojos
grandes para mirar
y mirar.
¿De quién es este
retrato?
¿Lo puedes adivinar?

Autorretrato, 1907.

Picasso pintó el cuadro
Ciencia y caridad
a los dieciséis años.

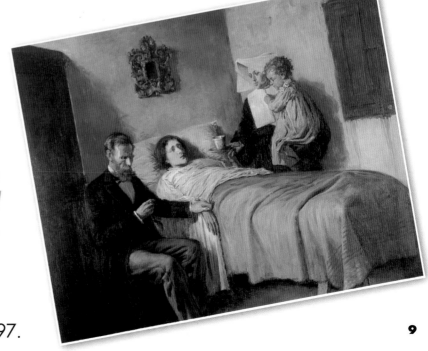

Ciencia y caridad, 1897.

Pablo se fue a vivir a París, Francia.

Mujer en azul, 1901.

Otras veces Picasso
nos hace pensar:
¿Qué pasa en este cuadro?
¿Qué va a pasar?

Mira bien a esta niña.
Se llama Maya Picasso.
Tiene en sus manos un barco
y en sus ojos… ¿qué tendrá?

Picasso tenía
dos hijas y dos hijos.
Aquí aparece con
un hijo y una hija.

*Niña con barco
(Maya Picasso)*, 1938.

*Las Meninas, basado en
Velázquez, 1957.*

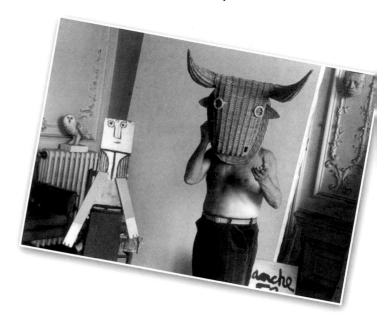

Picasso es un pintor
genial.

Nació en España y llegó
a ser universal.

A Picasso le gustaba juga

Gabriela Mistral

Desde temprana edad, Lucila fue muy estudiosa.

Lucila era una niña callada. Pero miraba todo con sus grandes ojos verdes. Observaba a los pájaros y las montañas.

Lucila vivía con su mamá en Vicuña, Chile.

14

Lucila era muy pobre.
No pudo ir a la escuela
hasta los nueve años.

En la escuela, Lucila tenía un trabajo.
La directora era ciega.
Lucila le servía de guía.

Nació en
Chile,
en América
del Sur.

Lucila siempre tuvo que trabajar para poder tener libros y cuadernos y lápices.

Pero estudió mucho también y así se hizo maestra.

Entonces se cambió el nombre para llamarse Gabriela Mistral.

Gabriela leía mucho cuando era maestra en Punta Arenas, ciudad al sur de Chile.

Gabriela Mistral
escribió poemas
a los niños,
a las niñas,
a las madres,
para que todos se ayudasen,
para que la gente fuese feliz.

Aquí está con sus alumnas
de una escuela de
la ciudad de Temuco.

Y sus poemas se hicieron famosos.

Un día a Gabriela le dieron
el premio literario más importante
del mundo: el premio Nobel
de Literatura.

Gabriela fue a Suecia a recibir
el premio Nobel.

A su regreso a Chile,
¡miles de niños,
¡cuarenta y cinco mil niños!,
se reunieron en un estadio de fútbol
a recitar sus poemas.

Vivió momentos
muy emocionantes.

**Gabriela Mistral amaba a los niños.
Aprende estos versos de un poema suyo.**

Los ríos son rondas de niños
jugando a encontrarse en el mar...
Las olas son rondas de niños
jugando este mundo a abrazar...
a abrazar.

Era amiga de muchos
escritores.

Benito Juárez

Oaxaca es una ciudad hermosa de México. Muy cerca de ella nació Benito Juárez.

Cerca de Oaxaca nació Benito Juárez.

Benito era de origen zapoteco.
Tenía dos hermanas mayores.

Cuando tenía tres años,
murieron su mamá y su papá.

Oaxaca está en México.

Benito y sus hermanas se
fueron a vivir con sus abuelos,
pero pronto ellos también murieron.

Benito
y sus
hermanas
quedaron
huérfanos.

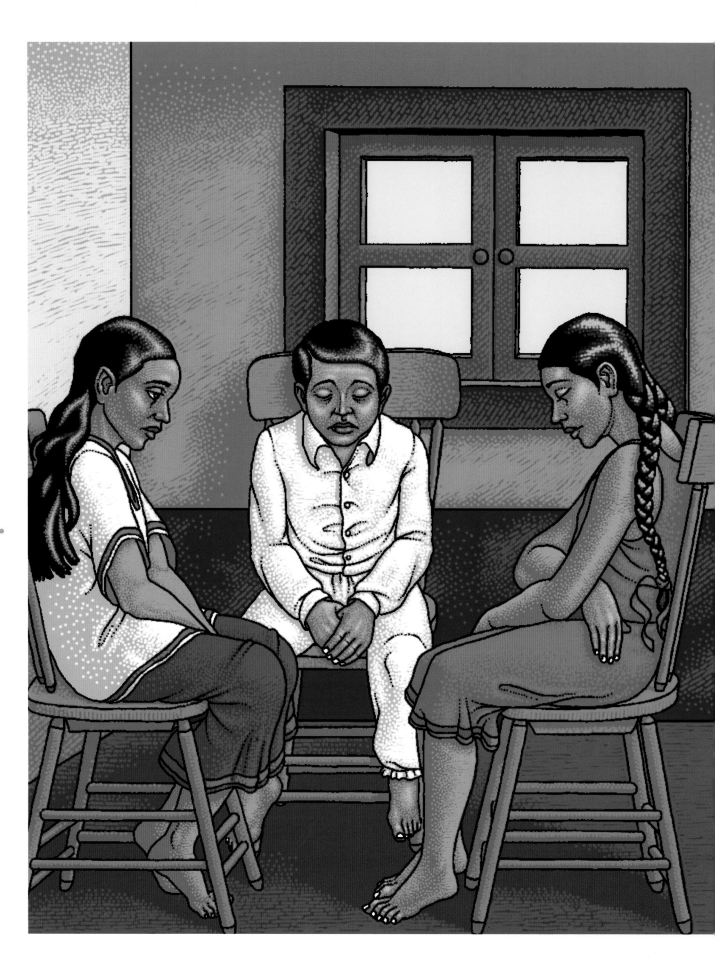

Era difícil
trabajar la tierra.

Las hermanas se fueron
a trabajar a Oaxaca.

A Benito lo enviaron a vivir
con su tío. En casa de su tío,
Benito ayudaba en los trabajos
del campo.

Un día Benito Juárez se fue a
buscar a sus hermanas a Oaxaca.
Ellas lo ayudaron y él pudo ir a la escuela.
Por las noches trabajaba.

Por fin
consiguió ir
a la escuela.

Era un hombre justo.

A Benito le gustaba estudiar.
Estudió para ser abogado.
Y llegó a ser juez.
Benito siempre defendió a los pobres.

27

Entrada del general Scott a la ciudad de México. Septiembre de 1847.

En 1846 hubo una guerra entre los Estados Unidos y México.

México perdió la guerra y la mitad de su territorio.

Fue una gran derrota para México.

Benito Juárez fue presidente de México.

Siempre luchó para que los niños pobres pudieran ir a la escuela.

Era un hombre bueno, un hombre justo.

Fue un presidente muy justo.

"El respeto al derecho ajeno es la paz."

Benito Juárez

ACKNOWLEDGMENTS

Page 5 / Pablo Picasso, *Self-Portrait with Palette*, 1906. Copyright © 2000 Estate of Pablo Picasso / Artists Rights Society (ARS), New York and Philadelphia Museum of Art: A. E. Gallatin Collection. Color transparency by Graydon Wood. Reproduction authorized by ARS.

Page 6 / Pablo Picasso, *Girl with a Dove*, 1901. Copyright © 2000 Estate of Pablo Picasso / Artists Rights Society (ARS), New York and National Gallery, London / Bridgeman Art Library. Reproduction authorized by ARS.

Page 6 / *Picasso et sa soeur Lola* (*Picasso and his sister Lola*). Photo provided by Réunion des Musées Nationaux (RMN), Paris.

Page 7 / Pablo Picasso, *Woman in a Red Armchair*, 1932. Copyright © 2000 Estate of Pablo Picasso / Artists Rights Society (ARS), New York and Musée Picasso, Paris. Reproduction authorized by ARS.

Page 8 / Pablo Picasso, *Femme à la fleur* (*Woman with Flower*), 1932. Copyright © 2000 Estate of Pablo Picasso / Artists Rights Society (ARS), New York and Galerie Beyeler, Basel / Private collection. Reproduction authorized by ARS.

Page 8 / Pablo Picasso, *Velada familiar* (*Family Scene*), c. 1896. Copyright © 2000 Estate of Pablo Picasso / Artists Rights Society (ARS), New York and Museu Picasso / Photo Arxiu Fotogràfic de Museus, Ajuntament de Barcelona. Reproduction authorized by ARS.

Page 9 / Pablo Picasso, *Autorretrato* (*Self-Portrait*), 1907. Copyright © 2000 Estate of Pablo Picasso / Artists Rights Society (ARS), New York and Národni Galerie, Prague. Color transparency provided by Oronoz, Madrid. Reproduction authorized by ARS.

Page 9 / Pablo Picasso, *Ciencia y caridad* (*Science and Charity*), 1897. Copyright © 2000 Estate of Pablo Picasso / Artists Rights Society (ARS), New York and Museu Picasso / Photo Arxiu Fotogràfic de Museus, Ajuntament de Barcelona. Reproduction authorized by ARS.

Page 10 / Pablo Picasso, *Mujer en azul* (*Lady in Blue*), 1901. Copyright © 2000 Estate of Pablo Picasso / Artists Rights Society (ARS), New York and Museo Nacional Centro de Arte Reina Sofía, Madrid. Reproduction authorized by ARS.

Page 11 / Pablo Picasso, *Girl with a Boat* (*Maya Picasso*), 1938. Copyright © 2000 Estate of Pablo Picasso / Artists Rights Society (ARS), New York and Galerie Rosengart, Lucerne. Reproduction authorized by ARS.

Page 11 / Pablo Picasso with son and daughter. Copyright © Edward Quinn / The Edward Quinn Archive, c/o Scalo Publishers, Zürich.

Page 12 / Pablo Picasso, *Las Meninas* (*after Velázquez*), 1957. Copyright © 2000 Estate of Pablo Picasso / Artists Rights Society (ARS), New York and Museu Picasso / Photo Arxiu Fotogràfic de Museus, Ajuntament de Barcelona. Reproduction authorized by ARS.

Page 12 / Pablo Picasso with wicker bull head. Copyright © Edward Quinn / The Edward Quinn Archive, c/o Scalo Publishers, Zürich.

Page 13 / Gabriela Mistral in Mexico City, 1948. Copyright © AP / Wide World Photos.

Page 14 / Gabriela Mistral (Lucila Godoy Alcayaga) at age six, 1895. Copyright © Archivo Fotográfico Museo Gabriela Mistral de Vicuña, Chile.

Page 16 / Gabriela Mistral, 1919. Copyright © Archivo Fotográfico Museo Gabriela Mistral de Vicuña, Chile.

Page 17 / Gabriela Mistral as Principal of the Liceo de Niñas de Temuco, Chile, 1920. Copyright © Archivo Fotográfico Museo Gabriela Mistral de Vicuña, Chile.

Page 18 / Gabriela Mistral receiving the Nobel Prize for Literature, 1945. Photo courtesy of the Chilean Embassy in Washington, D. C.

Page 19 / Gabriela Mistral arriving at Mapucho Station, Chile, 1938. Copyright © Archivo Fotográfico Museo Gabriela Mistral de Vicuña, Chile.

Page 20 / Gabriela Mistral with other writers, San José, Costa Rica, 1938. Copyright © Archivo Fotográfico Museo Gabriela Mistral de Vicuña, Chile.

Page 21 / President Benito Juárez. Copyright © Conaculta-Inah-Mexico. Reproduction authorized by the Instituto Nacional de Antroplogía e Historia.

Page 22 / Oaxaca Valley seen from Monte Alban, 2002. Copyright © Danny Lehman/Corbis COVER.

Page 28 / General Scott's arrival in Mexico City, 1847. Copyright © Lithograph by Carlos Nebel, 1851. Museo Nacional de Historia, Mexico City.

Page 30 / Diego Rivera, *Retrato de Benito Juárez*, 1948. Copyright © 2000 Reproduction authorized by the Instituto Nacional de Bellas Artes y Literatura and Banco de México, Fiduciario en el Fideicomiso relativo a los Museos Diego Rivera y Frida Kahlo.